AF392785

NOTICE SOMMAIRE

DES

ÉTUDES ET TRAVAUX DE SYLVICULTURE

ENTREPRIS

PAR LE MARQUIS DE VIBRAYE,

LAURÉAT DE LA SOCIÉTÉ IMPÉRIALE D'AGRICULTURE (GRANDE MÉDAILLE D'OR),
DE L'EXPOSITION UNIVERSELLE (MÉDAILLE DE PREMIÈRE CLASSE),

Correspondant de la Société impériale et centrale d'Agriculture, Président (jusqu'à sa sup-
pression) de la Société d'Agriculture de Loir-et-Cher ; des Sociétés d'Agriculture, Sciences
et Arts de la ville du Mans, d'Agriculture du Cher ; Membre de la Société impériale zoolo-
gique d'Acclimatation, des Sociétés Géologique et Météorologique de France, d'Encourage-
ment pour l'Industrie nationale, Linnéenne de Normandie, de l'Institut des Provinces et
de la Société Française pour la conservation et la description des Monuments historiques,
des Sociétés Éduenne, Archéologique d'Orléans, etc.,

Candidat à la place vacante dans la Section de Sylviculture
de la Société impériale et centrale d'Agriculture.

PARIS,

MALLET-BACHELIER, IMPRIMEUR-LIBRAIRE

DE L'ÉCOLE IMPÉRIALE POLYTECHNIQUE, DU BUREAU DES LONGITUDES,

Quai des Augustins, 55.

Mars 1856.

SOMMAIRE

DES

ÉTUDES ET TRAVAUX DE SYLVICULTURE

ENTREPRIS

Par le Marquis DE VIBRAYE.

1°. Études préliminaires ou théoriques.

Application des sciences géologiques à l'examen des sols appropriés aux différentes espèces de cultures forestières, examen des éléments constitutifs des terrains de transport (alluvions anciennes et diluvium) : caractères minéralogiques.

A). Examen du sol de la Campine belge; agglomération des débris granitiques de la Scandinavie; paléozoïques des Ardennes; crétacés des bords de la Meuse et miocènes du Brabant; trois courants agissant en sens inverse, s'entre-choquant, neutralisant leur action respective, cause de la profondeur de la couche perméable si propre, sur les plateaux, à la culture forestière.

B). Sol plus compacte de la Sologne, différence mécanique plutôt que minéralogique ou constitutive. Trois causes des dépôts qui se sont opérés en partie sur des surfaces immergées, dans les golfes et près des rivages faluniens qu'ils ont comblés : 1° alluvions anciennes avec ossements de Pachydermes, de Ruminants, etc.; 2° diluvium; 3° remaniement post-diluvium; dépôts d'argiles et de marnes appartenant au löss.

C). Examen de l'habitat du pin noir d'Autriche sur les

formations crétacées (calcaire à hippurites) ; les terrains miocènes ; les diorites arkoses et roches anciennes de stratification. Dans la vallée de la Laitha (basse Autriche) sol de cailloux roulés empruntés aux différentes roches précitées ; löss puissamment développé : la variété de ces éléments dans la plaine entre Wiener-Neustadt et Glokknitz démontre surabondamment que le pin d'Autriche ne se montre pas, relativement à la nature du terrain qu'il occupe, si exclusif que les auteurs allemands le laisseraient supposer à l'endroit des éléments calcaires, etc.

2°. Études forestières à l'étranger.

Séjour prolongé dans la Forêt Noire, étude de ses travaux de repeuplements, notamment par bandes : examen des sols ; grès rouge, grès bigarré, muschelkalk, bassin houiller, formations basaltiques et trachytiques. Boisements observés dans la Hesse grand-ducale, visite des forêts du Nassau ; belles allées de chênes plantés, observées en Belgique, sur les grandes routes et dans les domaines de la Campine ; massifs de futaies de chênes, plantés en quinconce dans le Hanovre et le Brunswick ; visite à l'école forestière du célèbre Cotta à Tharand ; semis d'épicéas observés dans les forêts de Saxe, notamment près de Freyberg ; séjour en Bohême, séjour dans la basse Autriche. Étude, sur le terrain même, de la nature et du gemmage du pin noir. Traduction de Höss (*Monographie*, etc., *Naturlehre*, etc.), d'un autre Traité du Pin noir (*Kurze Beschreibung*, etc.). Premiers cônes authentiques de pin noir d'Autriche (schwarz föhre), recueillis en Carniole dans la forêt impériale et royale de Panowitz, et dont les graines ont été semées en France. Excursions en Angleterre, notamment à Dropmore et Chathworth, pour y étudier l'importation et le développement des espèces exotiques et spécialement des Conifères.

3°. Introduction, Propagation d'espèces exotiques.

Plantation des chênes de l'Amérique du Nord, et autres, au nombre de plusieurs milliers. Autres essences à feuilles caduques, notamment le *Betula papyracea*, au nombre de 12500 individus; tous ces arbres introduits dans la culture forestière et non dans les jardins seulement. Introduction de toutes les espèces de Conifères reconnues utiles, étude commencée depuis environ douze ans pour les espèces d'un autre continent : si toutefois on en excepte les importations de la fin du dernier siècle et du commencement de celui-ci, telles que les tulipiers, les sapins baumiers, les cyprès de la Louisiane, les pins et les autres espèces décrites par le regrettable M. Michaux. Introduction et culture d'environ 150 espèces de Conifères. Propagande forestière par suite de dons faits à des particuliers, à des propriétaires influents pour aider à propager quelques bonnes ou rares espèces, et pour attirer l'attention sur l'utilité des introductions en général. Hommage fait à l'Administration forestière : 1° de 900 pins noirs de trois à quatre ans de semis; 2° de 5 à 600 sujets de même essence pour être introduits par l'Administration dans les forêts de Loir-et-Cher, ces derniers sujets, élevés en pépinière, ayant en moyenne un mètre et plus d'élévation; 3° dons de sujets d'espèces exotiques faits à la même Administration. Notice sur le pin noir, lue au Congrès des délégués des Sociétés savantes de province, pour appeler l'attention des sylviculteurs sur l'utilité de l'introduction de cette essence et plus spécialement sur les sols crayeux de la Champagne. Ces conseils, qui datent de plusieurs années, ont été suivis, mais d'autres se sont attribué le mérite de l'introduction. (Il faut savoir produire le bien pour lui-même, sans compter sur la reconnaissance non plus que sur la vaine gloire de la priorité.) Introduction du pin noir sur les formations oolithiques inférieures de la Côte-d'Or, et dans les argiles aptiennes et néocomiennes du département de l'Aube.

4°. Expériences.

Études sur les conditions d'existence des espèces nouvelles relativement aux sols et aux expositions; application du système Birmanns (incinération des gazons et par extension des sols couverts de landes), à la plantation des arbres forestiers; greffes herbacées, fécondations artificielles, hybridations, recherches météorologiques, etc.

5°. Repeuplements, Reboisements.

1° Création dans Loir-et-Cher de plus de 800 hectares de nouveaux bois; repeuplements opérés sur une superficie d'une égale étendue; 2° dans la Sarthe, création de bois, notamment sur deux fermes achetées dans l'intention de les convertir en bois; 3° semis de chênes dans l'Aube, où cette pratique était jusqu'alors inusitée.

6°. Titres à faire valoir.

1° La grande médaille d'or que la Société centrale d'Agriculture a daigné décerner au candidat, il y a déjà nombre d'années; 2° la médaille de première classe que le jury de la dernière Exposition universelle a cru devoir affecter spécialement à ses travaux de sylviculture; 3° les différentes communications faites à la Société Impériale et centrale d'Agriculture; 4° deux rapports au Congrès central d'Agriculture sur le reboisement des montagnes et des terrains en pente.

7°. Pratique forestière.

Administration de 5500 hectares de forêts, notamment, et pour citer un exemple : 2000 hectares situés dans le département de l'Aube, aménagés à 25 ans, soit annuellement 80 hectares en exploitation. Sur 20 coupes que le candidat a mises en vente, il a procédé par lui-même aux martelages, aux inventaires et au cubage de 17 ordinaires ; sur lesquels il a réservé par hectares : 6 chênes anciens au-dessus de 1^m 66^c de pourtour ; 30 arbres classés modernes jusqu'à la même circonférence inclusivement, et 60 baliveaux de l'age du taillis, soit : 8160 chênes anciens, 40 800 modernes et 81 600 baliveaux réservés, qu'il a dû lui-même apprécier, aussi bien que l'abandon qui doit nécessairement dépasser notablement ce chiffre : ce serait donc en minimum 260 560 pieds d'arbres (essence de chêne pour la plupart) que le propriétaire a pris la peine de juger par lui-même, contrairement à l'usage où l'on est trop souvent d'abandonner à de simples brigadiers de triage ces opérations d'où dépend l'avenir de nos forêts.

Le candidat ne croit pas devoir mentionner les travaux qu'il a pu faire en dehors de la sylviculture, tels que défrichements de landes, desséchement de nombreux étangs, drainage, pisciculture, etc., et dans un autre ordre de connaissances, études et collections minéralogiques, géologiques et paléontologiques.

Paris. — Imprimerie de MALLET-BACHELIER,
rue du Jardinet, 12.